SYRINGA

SYRINGA

Francisca Domingo Calle

SYRINGA

Francisca Domingo Calle

colección
| SOLA NOCTE |

Syringa
FRANCISCA DOMINGO CALLE

Dirección editorial:
Ilia Galán

Colección:
SOLA NOCTE

Director de colección:
Jesús Urceloy

Diseño y maquetación:
EЯA | ALTA RESOLUCIÓN EDITORIAL

© 2025 Francisca Domingo Calle
© 2025 Ars Poetica

EntreAcacias, S.L.
[Sociedad editora]
c/Covadonga, 8
33002 Oviedo - Asturias (ESPAÑA)
info@arspoetica.es | pedidos@arspoetica.es

1ª edición: abril, 2025

ISBN: 978-84-18536-75-5
Depósito Legal: AS 00471-2025

Impreso en España
Impreso por Podiprint

CELEBRACIÓN DE FRANCISCA DOMINGO ANTE LA LUZ BIENVENIDA

Fuera esta voz creciente y luego fuera
Recurso humilde para cada cosa,
Abundancia en la luz y luego rosa
Naciente y singular, por verdadera

Canción que pasa y luego amable espera
Iridiscencias, que en la mano posa
Suave su tacto. Una cadencia hermosa
Contra el silencio incauto de una hoguera

Ardiente y no quemante. Hay una estela
Donde sentarse a respirar. Un canto
Original y lúdico. Caricia

Musical por la piel que se desvela
Ingrávida y celeste. Y mientras tanto
Nada puede al amor. Y se propicia.

Generosas no dudan
Otras voces. Si llegan, se desnudan.

@ Jesús Urceloy / marzo de 2025

PRÓLOGO

de Virginia Mínguez

De la mano de Francisca Domingo viene este aroma a lilas y a tierra mojada. Las imágenes llegan como la flecha que sale del arco y alcanza la diana. *«...se inunda el aire si el arquero tensa su voluntad y llega fiel al tacto de sus dedos».*

Su lenguaje vuela más allá de lo evidente y su mirada de orfebre hace que todos los elementos encajen entre sí y establezcan una relación nada casual.

Cada palabra, cada idea, han sido elegidas con delicadeza e intención.

Francisca, en alguna vida anterior, ha sido «duende de las flores» en un bosque umbrío, donde aprendió a crecerse ante la adversidad.

La duende ama por igual los campos de cereales –recuerdos de la niñez–, los bosques como escondite mágico, el mar como refugio... y se transforma en parte del paisaje. *«Atiende al mar, ya que has venido a encontrar su rumor eterno...».*

Construye sus poemas con pinceladas impresionistas, pulsa las teclas de los cinco sentidos y combina con ligereza sensaciones pictóricas y musicales para dar voz a los elementos de la naturaleza. Esta es su manera de contemplar las escenas que convierte en poesía.

Sus ojos se *«remansan en esta nube entre verde y lila»*.

Se mueve elegante, como pez en el agua, entre endecasílabos y sonetos, con lenguaje ligero y preciso.

Su voz se viste con poemas de contornos definidos y la presencia de su fortaleza. La armadura de sus propuestas nos conduce sutilmente a un acertijo que pide ser resuelto.

Invito al lector a disfrutar de la compañía de Francisca y a descubrir los indicios que en su libro nos regala.

SYRINGA

I
CORAZÓN DE ARQUERO

EL ÚLTIMO CABALLO

Este caballo enloquecido gira
en la arena lunar de su nostalgia,
azabache y mortal, sus ojos saltan
a un círculo de hielo como guía.

Suave es el aire, pétalos la herida
del sonido que en su relincho exhala,
y la noche, resumen de su danza,
festonea sus crines con ceniza.

Caballo en su girar sin norte fácil,
herradura sin huella, puro aire,
que dibuja sin peso el músculo ágil.

La profunda mirada que le trae
la noche, le devuelve un eco táctil,
un ángel o su doble, perfil de ave.

BELLEZA QUE SALVA

Dentro y fuera del marco,
desde un ángulo abierto
que vibra de color,
es el violín quien crea la belleza.

Alguien llama hacia el fondo,
como raíces dulces,
alguien suma ventanas,
como briznas de belleza fugaz.

La tiza y la tarima,
y las cuerdas tensadas
en su límite mudo
son una ágil melena de mi renuncia.

En el trazo y su sombra,
en el perfil que marcan los caminos,
un roto violín siente la belleza.

PLUMAS DE COBALTO

Ízame, mundo ciego
(J.M.B.)

Desde la lluvia en los talones
de plumas de cobalto,
se alza sobre mi frente
la aurora del origen, manta gris,
entramado sonoro.

Un hundido ojo que recuerda el norte,
y el guiño de este pájaro perdido
son dibujo o máscara,
metal sensible y ancla de mi vértigo.

MANERAS DE LIMPIAR LA NIEVE HERIDA

La frente casi hielo, el horizonte
echado al viento en ademán de abrazo
y un labio enmudecido, un simple lazo
que enmarca esta nevada sobre el monte.

La casa es el alfil de un dios bifronte
que inicia fuego donde vive el trazo
de la sombra, en la herida que su mazo
refuerza con la lluvia del somonte.

Un campo que recoge su cosecha
y el aullido que aturde a quien lo mira,
la memoria, la sangre de esta endecha.

Y la escoba que vive en quien aspira
a un pálpito de luz en fuente estrecha,
algunas formas de limpiar la pira.

CORAZÓN DE ARQUERO

Se inunda el aire si el arquero tensa
su voluntad
y llega fiel al tacto de sus dedos.

Corriente ciega
y quietud para el pájaro,
músculo que aísla
la belleza del día.

En la pared,
impone sus colores el paisaje
y ancla las voces que señalan
al corazón.

JARDINERA

Pongo mis manos sobre abono seco,
pan de semillas, restos de miradas,
que encienden una hoguera ya lejana,
buscando el agua del origen ciego
y dan cuerpo a la nieve sobre el vértigo.
Fotos claras de un rayo, de un suspiro,
que recogen las llamas, los sentidos,
y convocan la luz. Tarea breve
que ama el tacto, la tierra donde crece
el oscuro paisaje presentido.

ÁRBOL EN OTOÑO DESDE MI VENTANA

Pinto la base del tronco del árbol,
herbal y trigo, ojos para la niebla:
vengo como la vida, soy impulso,
perfilo un escenario.

Me apago con el gris, me niega el aire,
vibra mi piel, se quiebra y cruje
la madera en la altura:
un pájaro golpea el muro.

Tiño con amor la lluvia, este hierro
que en el fuego es armadura sensible,
carne de voz sin huella.

Una ventana, un respiro.
Una mirada, un plazo.
Un cuerpo, su sello.

CALANDRIA Y CARCELERO

Bajo mis pies no hay suelo
ni llave que señale
una nube, una esquina,
el nombre del camino.

El hueco en el que albergo
las cuerdas, los metales,
es principio de nieve,
corazón sin batuta.

Alcándara vacía
para el eco del bosque.
Cada luz, una estrella,
cada palabra, un lazo.

AMANTE

El abanico o fuente
del pecho que se ofrece a la caricia,
es imprevista luz vuelta avaricia
y nacimiento leve
de un arcoíris o clepsidra dada
en página sellada
que la corriente trae al día breve.
Si el amante se atreve
a cruzar la corriente,
recupera abanico, pecho y fuente.

EL COLOR DE LAS PALABRAS (I)

Un sabor oxidado me acompaña
cada día, el sudor de la pobreza
y el billete arrugado en el bolsillo,
la oculta fuga de lo muy amado.

Un sueño me despierta a medianoche,
es cristal o una luz que fluye líquida
bajo la imprecisión de las palabras,
y mensaje que el negro espacio crea.

Horas como zancadas en la arena,
hojas como epitafios de carbón,
un sol nuevo cegado por la luna.

Perfiles blancos se abren al deseo,
con un gesto de circular grafismo,
y son luz: brillantez de las palabras.

EL COLOR DE LAS PALABRAS (II)

El adjetivo de color, la cuerda
leve que lleva el verde a la distancia
en esta pira que confunde al árbol
y deja calcinada la ciudad.

La maestría del sabor, su suave
rastro que arropa al corazón sufrido
en el cálido hueco frente al miedo
y crea en el otero su banquete.

Amanezco hora a hora, con el tacto
que escucha en gris, etéreo dibujo
para ciegos, camino entre vergeles.

Queda un aura de vida, un camino
que mira al mar, unas dispuestas velas,
el pincel y el color de las palabras.

II
LAS CUENTAS DEL ECO

OLAS

La arena riza esta mirada lumbre,
pulsa la luz que fluye con las olas,
en días albos con plumón de niebla
y aurícula de viento.

El viento de esta playa tiene manos
que rozan con ternura la memoria
y calman las hogueras de un diluvio
oculto entre la lumbre.

La lumbre de esta rueda entre mis pies
es pájaro sensible a los sonidos
azules, las azules cabelleras
que aplazan esta niebla.

La niebla con coleta de abedul
y silueta de envejecido estaño
tiene ojos en la removida arena
que habla con las olas.

ATIENDE AL MAR

Atiende al mar, ya que has venido a encontrar su rumor eterno,
y hunde el dolor pasado en sus espumas.
Contempla el horizonte azul, respira al compás de la brisa marina
y palpa, como si fuera humana piel, el contacto bronco del paisaje.
No se hizo para ti la caricia,
ni la prolongación de tu carne en eco de tierra.

Solo tu mirada tiene cuerpo y memoria,
sólo tu voz puede responder a tanta belleza amada.

VERANO Y SOMBRA

Hilatura de la pobreza, olor de la sombra,
rodadas de la infancia y límites del ocaso:
así el refugio, la matriz de la transparencia.

Se expande la visión, oxigena las palabras,
imprime ritmo al ala, convoca nuevos iris:
así lo intemporal, la marea sin perfiles.

Quietud del día, cercanía de lo sin nombre,
calles, cuerpos en retirada con la luz que amo.

Hito anónimo, envés de la raíz, corazón
que atraviesa sin norte la fuente de la herida.

RUMOR

La noche, el turno de esta vela frágil
que escalonadamente sube y baja
con alucinación de asfalto y humo.

El aura de esta nube sigilosa
que privilegia al Norte la veleta
con gris melena de suicida y rama.

La arena que sostiene tantos pasos,
el aire de este dedo que señala
las querencias, la espiga de los muertos.

Y entre los labios, un rumor frutal.

CRÓTALOS

Las horas atenúan los sonidos,
lejos de su espacio, ecos
de otro espacio.

Máscaras del aire,
y confusión del aire, piedra
o brizna
que sitúa mi cuerpo.

Dolor del aire,
y vacío en el aire, máscaras
o cuerpos
que dibuja el aire.

Sobre el vacío, el agua que refleja
el agua,
que refleja el agua, agua, agua...

Diálogos en el tiempo
y anulación del tiempo.

Crótalos
que fijan la canción.

GACELA DEL SALUDO

Vienes con la mañana
y me enamoras
con la sombra fresca de tu ala.

Túnel que conduce
por el quiebro de las ventanas,
columna que se disuelve
desde la cima clara.

Perfume sin olfato,
luna en la piel sellada,
tus ojos lejanos viven
en el camino de la templanza.

Viene despacio la dicha,
se acerca con mirada franca.

SYRINGA

Extiende vertical su belleza
limitada por el asfalto
de esta ciudad mestiza o ensoñada.

Bajo la luz que apaga la ceniza,
sobre la congestión del aire comprimido,
una hilera de gomas, hierro y manillares
proyecta la pasión del músculo y el vértigo,
arabesco horizontal sobre la acera.

Mientras, mis ojos se remansan
en esta nube verde y lila
de silenciosa permanencia.

ODA A UNA HOJA DE ÁRBOL

No eres bosque
pero ocupas el espacio del que surge,
no eres luz
pero reflejas con el verde la esperanza.
Eres tersura o jugo que se ofrece,
forma irregular y nervadura,
tacto sutil
principio de una sed no saciada.
Cada mañana
eres grácil cobertura de mi trozo de cielo
presentido.
Agitas músculo y aire,
oxigenas los sueños,
das cauce a un silbido,
deseo de vida,
o misterio que en ti se contiene.
Eres renovado horizonte,
libro de la naturaleza,
donde como ciega me oriento.

LAS CUENTAS DEL ECO

Si me dicen que pinte el viento, siento,
si me dicen que muela el agua, fragua.
Si me dicen que invente el día, sería
la voz que inunda este desierto yerto.

Si alguien niega el cauce al río, río,
si alguien confunde espuma y oro, lloro.
Si alguien deja sin ojo al puente, miente
como el delirio que no fumo, y humo.

Soy camino que se renueva, leva,
silbido antiguo que atraviesa y pesa,
cuerda o mantel de nudos, … digo, trigo.

Como un eco, así la bruma rezuma,
como un buzo que oculto vive, y vive
salvado por su piel despierta, alerta.

LA CASA EN PENTAGRAMA

(A Virginia)

Es la casa la música sencilla
donde la luz de la templanza surge
sobre la cúrcuma o el lado azul
de los huesos y el quiebro de las horas.

Los platillos, el arpa y las cucharas,
dulces de amor entre el rumor del tiempo,
y el color de los libros en su altura,
son los ojos, compás de la mirada.

Son paisaje, la pista del deshielo,
o el lago del sonido que transforma
el cuerpo vertical del que ha llegado

para el avance claro de las notas,
en la música oculta, que la casa
añade a quien la habita.

III
ÁLBUM

ÁLBUM

El sepia y las sonrisas recuperan
su tiempo, frenan un presente en tránsito;
la luz o el aire crean nueva vena
que late acompañando aquellos pasos.

El aura de manteles y siluetas,
que en la memoria miran a otro espacio,
transforman el sonido en duermevela,
soportan el diluvio del retrato.

La sombra de mi izquierda pide plaza,
cuando baila en lo negro, y su reflejo
convoca una figura que me abraza,

ramaje y savia de un ciprés sin miedo.
La ciega mano, a mi derecha, alcanza
el quicio de este puente que atravieso.

CÍRCULOS DE INFANCIA

Un círculo es un aro,
una pelota nueva
y aquel platillo azul,
regalo de los Reyes.

Una infancia es un círculo,
un pueblo en el verano,
un pan de hogaza tierna
que se dobla en navaja,
y es esquina oculta en el paisaje.

Los juegos de mi infancia
son un sol declinante
que gira como un aro,
el alegre sonido
de un platillo que vuela,
su equilibrio en el aire.

Y el pulso
de una pelota ajena.

MI DOBLE PRESENCIA

Me habla en silencio y dice que está conmigo,
que es una con mi sombra
y sombra
de la luz que atraviesa mi costado.

Tengo su rostro entre mis uñas rojas,
y al llegar la noche
oculta me recibe en el dintel, vestida de princesa.

Qué suave me acompaña sin peso,
qué azul y rosa ha sido su lazo,
la promesa de un encuentro,
su abrazo con la vida.

Me acerco a ella acariciando el miedo,
para que no se ensañe conmigo la mano de la muerte.

Hablo por ella,
me cede la palabra.

ALMENDROS EN FLOR

(A mi hermano, por el tiempo que nos tocó vivir)

Sobre el pétalo ajado de tu vida, padre,
avanza la muerte muda.
Sobre el recuerdo celeste del árbol que no creció,
vuela la mirada de amor que te dedico.
Sobre la sonrisa indefensa, sobre tu mirada de niño
que busca mi complicidad y no la tiene.
Sobre este tiempo que nos tocó vivir, ciudad confusa,
en este estío al que llegamos juntos,
mi memoria graba
palabras de amor que se oyeron.

Almendros en flor, mi único consuelo.

AGUA LUSTRAL

Agua lustral la voz del hermano,
dicha de seres anónimos
que ignoran tragedias.
Madrid,
de canícula y espera.

FLOR DE MANZANILLA

(A mi madre)

Un puente en la mirada y un horizonte
que entinta mis pasos.

Torre que inclina su cabeza, hombro
para el duelo.
Y esta aurora…

IV
CON OTRA MIRADA

NUESTRAS MANOS

No son iguales nuestras manos.

La mano extendida del que pide
tiene el perfil de hueso antiguo y sendas
que graban cada día cuanto siente.

Tienen las manos otras líneas
que guardan el sabor de lo vivido
y son cuencas insomnes del futuro.

Unas dominan frías los fríos frutos de la tierra;
otras pasan por calles sin descanso
y no consiguen poseer su tiempo,
o una pared, al menos,
donde apoyar su espalda.

ÓBIDOS

En esta escena no siento mi cuerpo. La luz no llega a mis ojos,
parte de ellos. Una ráfaga de viento recorre la calle, que se
queda vacía.
Llegan a mí ecos de voces y formas que evolucionan sin cesar.
Son el reflejo del correo que la historia me envía. Y se mantiene
por encima del dedo con que señalo:
Una ventana abierta a las sonrisas, una pared encalada de juegos y
abrazos vegetales, el rosetón gris del humo del templo…
Hay un castillo donde hubo sangre; hay flores donde hubo
hambre; hay horizontes y monedas donde hubo amor y sacrificio.

En esta calle de domingo, mis pasos menos confiados llegan a
un rincón del tiempo donde me encontré con mis iguales.

ARGAMASA
(Un viaje a Huesca)

El sudor de los artesanos perdido entre la argamasa de las torres,
la cerámica vidriada y el pan de oro en los ojos crédulos.
El poder y el fanatismo sobre estas piedras de la historia.

La mañana verde y su luz, la memoria personal y su desgarro.
La densidad de este instante y su fuga.
Hablan los ojos. Ojos que pueden llorar.
Disolución del color del día en esta lluvia deshabitada que
limpia la pena.

Torres que reducen su altura a un instante de luz.
El sudor de los artesanos.

EL HOMBRE EN LA MASA

El frío de la madrugada tensa sus labios.
En el silencio, una horizontal de estrellas
le sepulta
y avanza para ocupar el aire, la plaza,
su día laborable.

Se confunde entre ruedas,
entre la agilidad de sus zapatillas,
su pelo pintado o la acuarela,
de un gesto mudo que le une a la ciudad,
en gris activo.

Llega sin avisar,
mira dentro de sus párpados
la silueta que en la masa le protege,
el traje de prestado que oculta
su sangre, la semilla
del deseo que impulsa sus pasos.

HERRUMBRE EN LA CIUDAD

El verde cambia sus pasos
con mudo labio fiel,
mientras del fruto queda
briznas de oculta miel.

Corta mi rama el frío.

Dobla oscuros mis ecos
como abrazo de hiel,
y enraíza en la ausencia
de un roto bajel.

Ciega mi sueño el frío.

Balcón para la herrumbre
como día sin riel,
celajes que enrojecen
una mirada fiel.

Quiebra mi cauce el frío.

Oxidación del aire
con trazos de hidromiel.

MAPAMUNDI

(A un joven que nos hablaba en el metro)

Un rostro, o el perfil de una persona,
una yema de luz en su mirada
y en sus manos el baile del deseo.
Un viajero, su mapa desnortado,
con ríos que confunden su caudal
los meridianos fónicos del sueño.
Sus manos son un eje en el planeta
y crean manchas de nubes para la plegaria,
mansos pliegues para el miedo:
isobaras que encierran
un corazón enajenado.

V
HOMENAJES

EL ABRAZO

(Homenaje a Juan Genovés)

El impulso del remo bajo el agua, el ritmo de su avance,
o el descanso del caracol antes de dar su imperceptible paso,
la sombra de la mirada que una mano registra,
estela de vida.

Cadenas que se oxidan en el puerto,
barcos humildes que sueñan con altamar,
nasas, peces inquietos en su brillo,
algas que ciegan y olor que ensordece,
muerte de los ocasos que enamoran.

El espacio es para el caracol, que sabe del tacto de la hierba,
de la huida del tiempo en espiral, de su esqueleto.

Busco el ritmo del texto -de una vida, de un cuadro-,
doy cuerpo al agua, fluidez al caracol, perfil a la memoria;
o altura al rocío que la mañana abraza.

UNA VOZ

(A la manera de Ida Vitale)

Dibujo entre las olas una estela,
una voz, un trayecto del deseo,
como vergel o fruta en el ascenso
que dispensara ritmo y no quietud,
no ceguera y tenaz recogimiento.
Una voz que cumpliera su destino
de cometa. O una cinta que supliera
el embate del mar y me llevara
ante el sol terco que fijó la tarde
con trazo vegetal y abierto al mundo,
pero cubrió el espacio con rigor.
Una voz, un cometa del deseo
que aplazara esta ola amenazante.

SONETO DEL QUE ADMIRA

(A Gerardo Diego)

«Cristal del aire en mil hojas. No. No hay vuelo»,
cuando una nube horizontal encierra
estrecha luz que deja quieta huella,
brillo de ala inicial que niega el miedo.

Bebo la noche con rubor de sueño
que enciende los recuerdos como teas:
perfiles, rostros planos son la escena,
el amor y la muerte en mis deseos.

Alto brizar de este sutil camino
difícil escalada en solitario
para alcanzar la imagen de otros cuerpos.

Trazos amados vuelcan lo perdido
en un batir de plumas o de labios:
«cristal del aire en mil hojas. No. No hay vuelo».

DISIDENCIA

(A modo de Luis Cernuda)

¿Ceder? Ceda el que sienta,
tras los años de espera y el silencio,
mermado el corazón herido,
perder su voz, su sombra y la memoria
del trazo que marcó con mano libre.

¿Y tú ceder piensas, cuando la vida
no suple la ansiedad de tu deseo,
ni oculta aquella soledad de piedra
para cerrar por siempre tu inquietud,
o cambiar el dolor de tanto exilio?

Abre tus manos, cumple el gesto cierto
que confirme el destino de los hombres,
y no esperes la inútil vanagloria.
Sigue el camino con seguros pasos,
nunca ciego a los cuerpos que se hermanan.

GIRONDINAS

(Oliverio Girondo en el recuerdo)

Llueve.
El gris azul en el asfalto,
línea en ascenso
y descenso,
línea de vida
y vuelta.

Vuelve
aquel mañana nublado de sol
y esquina
o espina de sal
(suerte en espiral).

Miro
el ojo que oye la lluvia,
el oído que revive el aroma
de las lilas
ausentes.

Y camino
sobre las rosas de los vientos.

POEMA SOBRE OTRO POEMA
DE ROBERTO JUARROZ

Florecer por debajo de la flor
(...) las fuentes abandonadas por los ríos.
(En *Poesía Vertical*)

Florezco por debajo de la flor,
y doy a las palabras sus perfiles,
dejo que surja la visión que toda mirada sofoca
y respiro, abro en la nada otro cauce para el inicio,
doy su fluidez al límite que la niega
y elevo el canto.
Hablo con el otro lado de la palabra,
oigo su negación y despierto a otros aromas,
otras formas de ser perfil de viento
y órbita de un bosque invisible.
Abro las manos como valles anónimos,
y restaño las grietas que el miedo impone
con el tacto que aprende del amor,
para que fluyan sus cauces
como tallos nuevos,
las fuentes abandonadas por los ríos,
las miradas a las que la noche detiene,
y la sombra de una flor.

HOMENAJE A ALEJANDRA PIZARNIK

Dolor en la mirada como herencia y, en la memoria,
la suavidad iluminada de tu conciencia de niña.

Lejanía de la propia densidad, nostalgia de la que fuiste.

VI
BREVES

ANILLO

Como anula el tiempo la rama
o la hoja la luz anima,
el horizonte anuncia su transparencia
sobre este tránsito del día.
«Anímula, vágula, blándula»,
el eco anillado de la voz.

VIDA

En un hilo viene, como acerico de amor.
Es vela y vuelo, es bien
que a todos colma.
Volantín, anzuelo o viaje de los ojos
que vuelven vergel su pardo origen.

PÁRPADOS

El pulso del mundo sobre el tul de la carne.
El púrpura, el pincel y el pálpito de los lirios
que recogen sus olas.
El perfil de tantos brazos
que miden los colores.

ESPEJO

La verdad del espejo, la niebla a su través.
La red sin suelo de la espadaña, el espacio
que reflejan los mares.
La espuela o la espina, la rama
de un tramo de selva que se mira en la espuma.

SENDAS

La senda, el sentido, el fulgor instantáneo
de las simas del sueño.
El silencio de la noche viene de los astros,
suaviza el ámbito ciego de la onda
que secciona el infinito.

ÁRBOL

La arboleda recibe los ojos que la crean
y alza la marea de su ardiente vigilia.
Audaz presencia y suelo primigenio,
arabesco de voz,
sobre hojas y miradas que ceden su armonía.

HORAS

Ornamento del aire son, cinta que atraviesa mis oídos.
Aura, perfil, condimento
y hornija de mi memoria.
La rama de esta orla disuelta en su cauce
firma su hueco en la mano que prosigue.

LIBRO

Líbreme el vuelo de su tinta,
que labra ojos y despierta lenguas.
Lábaro de agitada espuma,
el abra al que me acerco con los pies desnudos.

HAIKUS

I

Caen pilares,
pétalo-barro ajado.
Ecos del duelo.

II

Ramas del árbol
Entrecruzan palabras.
Sombras del uno.

III

Soledad final
de un campo blanco.
Manos como palomas.

TANKAS

I

El óleo cubre
con un prestado brillo
la rama débil.
De nuevo se abre al aire
el árbol tras la poda.

II

La rama yerta
sobre el blanco horizonte
sostiene al pájaro.
Semilla para el fuego,
escoria de los ojos.

III

El sueño blanco
que cubre la piel nuda
envuelve la pobreza.
Dulce esquina que abraza
con cerrado pudor.

IV

La hija mira
los ojos de la madre
en la distancia.
La longitud del hilo
hilvana soledad.

V

Mira la luz
y eleva la trompeta
el hombre viejo.
Limosna pasajera
busca con la armonía.

ÍNDICE

VI. BREVES

Esta obra de Francisca Domingo Calle
se terminó de componer en las
colecciones de la editorial
ARS POETICA
en el día 21 de
marzo de
2025.